Helen'e...

**MARION DEUCHARS**

Marion Deuchars, uluslararası pek çok tasarım ve illüstrasyon ödülüne sahiptir. Eşi ve iki oğluyla Londra'da yaşayan yazar, çocuklar için resim ve çizim kitapları tasarlamaktadır. Çok sevilen Bob karakterinin ilk kitabı *Bob ve Gaga Sanatı*'ndan sonra, Deuchars çocuklar için resimli hikâye kitapları yazmayı sürdürüyor. *Bob ve Mavi Sanatı* ve *Bob ve Dostluk Sanatı*, serinin diğer kitaplarıdır.

"Hey Bob! Şehre gelen yeni sanatçıyı gördün mü?" dedi Baykuş. "Heykeltıraş Roy diyorlar adına ve HERKES ondan bahsediyor, baksana..."

"Roy mu? KİMMİŞ o?"
diye sordu Bob.
"Ama bu şehirdeki EN İYİ sanatçı benim!"

Bunun üzerine Bob, Roy'la tanışmaya karar verdi. Roy kendini beğenmiş, mavi bir papağandı.

"Merhaba!" dedi Roy.
"Duyduğuma göre sen de bir sanatçısın.
Benim muhteşem heykelim hakkında ne düşünüyorsun?
Nasıl olmuş sence?
Ona şu ismi verdim:
HAMHAMHamBurgeriGer."

"İşte bu da yaptığım bir diğer heykel. Buna da şu ismi verdim: FIRÇAMYeşilLekelenmeÇekil."

"Peki ya buna ne dersin?
Bunun adı da,
BuBirTopAmaSankiHOPHOP."

"Ama bunlar sıradan nesneler.
Sadece normalinden daha büyükler," dedi Bob.

"BENİM HEYKELLERİM
hiç de SIRADAN değil!
Onlar SIRA DIŞI!
üstelik isteyen herkes
SIKICI RESİMLER yapabilir.
Eminim sen bunun gibi
bir HEYKEL
yapamazsın!"
diye tersledi Bob'u Roy.

"Çok KOLAY! Yapayım da gör!"
diye karşılık verdi Bob.

Ertesi gün Bob ilk heykelini yaptı.
"Ta daaa!
Heykelime şu ismi verdim:
NOKTALInoktaHavlamalıHAVHAV."

"Hoş olmuş!" dedi öteki karatavuklar.

"Roy'un yeni yaptığı heykeli bir gelip görsen ya!" dedi Baykuş.

"Bu heykelime LOLİmoliPOPİpop ismini verdim," dedi Roy.

"Hıhh! Ne var ki şimdi bunda. Sadece büyük bir lolipop," dedi Bob.

Bob bir kez daha denedi.
"Karşınızda benim
KIVRAKsarıGÖBEKLİmuz
isimli heykelim."

"Bildiğimiz muz!"
dedi Yarasa.

"Sen gel de Roy'un son heykelini gör!"

Ertesi gün, Bob başka bir heykel daha yaptı.

Roy da boş durmadı!

Bob tekrar denedi.

Roy da heykellerine bir yenisini daha ekledi.

"Sanki gerçek bir yumurta!" diyerek gülümsedi Baykuş.

Bob ise denemekten vazgeçmedi.

Ama Roy'un heykelleri gerçekten
sıra dışıydı...
Bob'unsa yeni fikirlere ihtiyacı vardı.

O gece Bob, gizlice Roy'un atölyesine girdi.

"Sadece bakıp çıkacağım..."
diye fısıldadı Bob kendi kendine.

Ertesi gün, Roy yeni heykelini sergiledi.

İyi ama Bob da tıpatıp aynısını yapmıştı!
İkisi hep bir ağızdan yeni eserlerinin
adını söyledi:
"BalondanKÖPEKHAVhav!"

"Bu BENİM fikrim!"
diye bağırdı Roy.

Roy, Bob'un Havhav'ını yakaladı.
Sağa sola yuvarlanıp durdular.

"BALONCUĞUM patladı,"
diyerek ağlamaya başladı Roy.

"*Özür dilerim*,"
dedi Bob hıçkıra hıçkıra.

"Sana yenisini yapabilir miyim?
Hatta hadi gel, birlikte yapalım!"
diyerek kendini affettirmek istedi Bob.
Hatasını telafi etmek istiyordu.

"Belki… olabilir,"
diyerek iç çekti Roy.

"Sen heykeli tasarlarsın, ben de onu renklendiririm, ne dersin?" dedi Bob.

ÇATIRT!

KÜÜT!

DIRTT!

POFFF!

PITT!

GÜMM!

ÇATTT!

ŞAPP!

PATT!

"Ne oluyor orada öyle?"

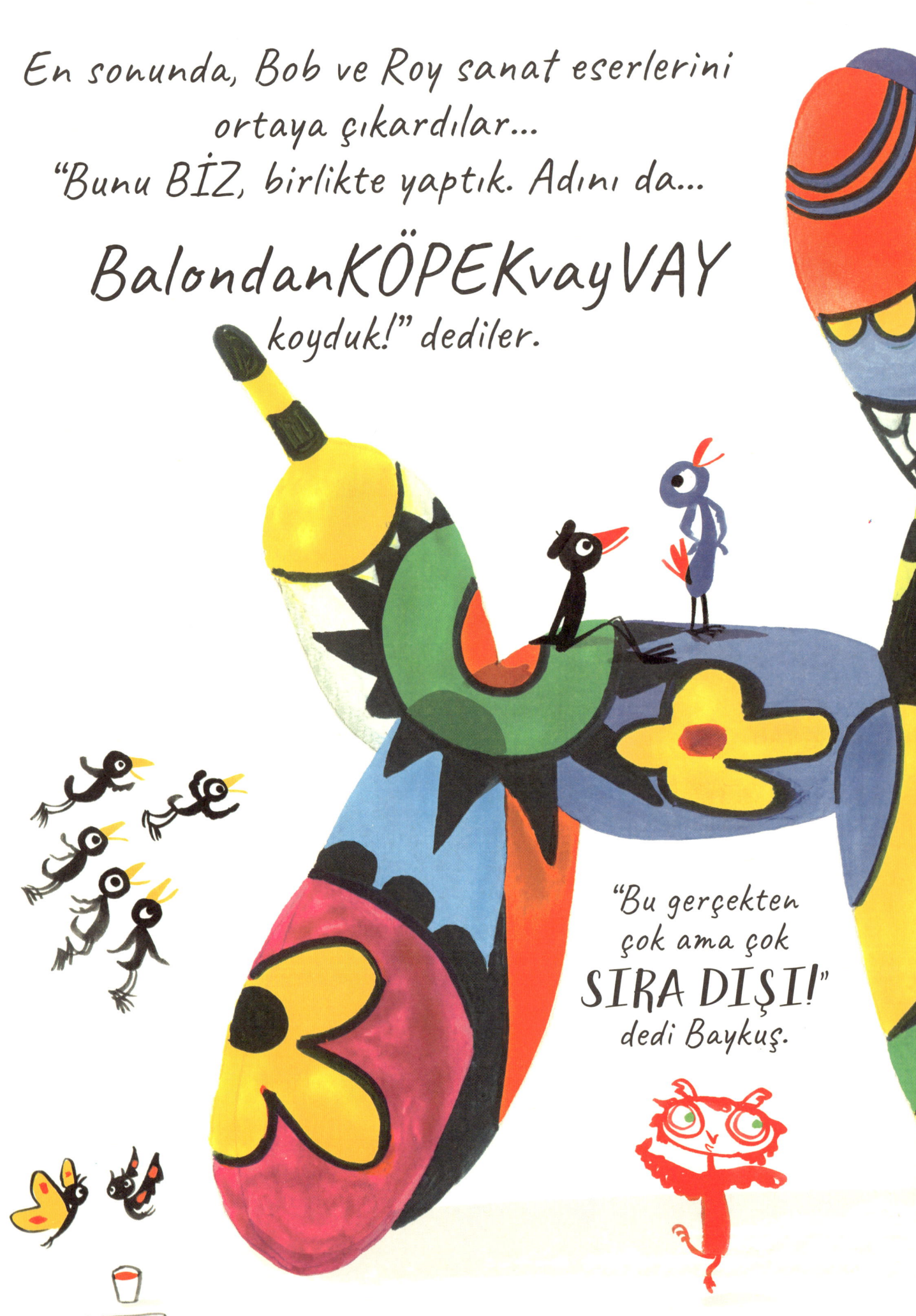

"Sen ve ben, İKİMİZ, bu şehrin en iyi sanatçılarıyız artık!" dedi Bob.

"Bundan daha güzel olansa, biz dostuz," dedi Roy.

# Bob ve Dostluk Sanatı

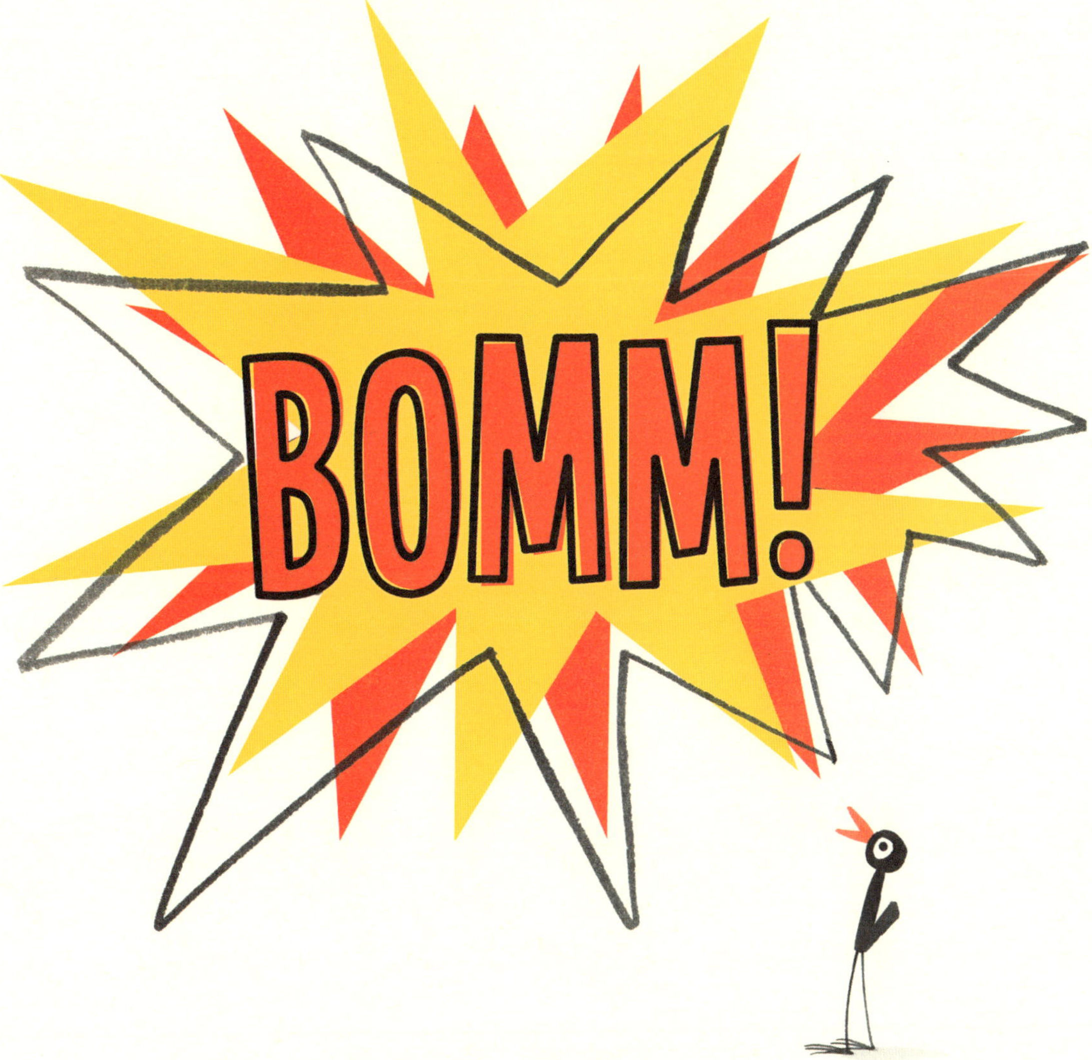

## BOMM!

Yazan ve resimleyen: Marion Deuchars
Çeviren: Sima Özkan

FOM KİTAP: 112

© 2021, Fom Kitap Basım Yayın Dağıtım Organizasyon
Tüm hakları saklıdır. Tanıtım için yapılacak kısa alıntılar dışında
yayıncının yazılı izni olmaksızın hiçbir yolla çoğaltılamaz.

Bu kitap Anatolialit Ajans aracılığı ile alınmıştır.

Özgün Adı: Bob Goes Pop

1. Basım: Ekim 2021, İstanbul
Bu kitabın 1. baskısı 1000 adet yapılmıştır.

Editör: Fuat Altay
Çevirmen: Sima Özkan
Kapak ve Sayfa Uygulama: Hüseyin Özkan

Kapak, iç baskı ve cilt: Yazın Basın Yayın
Matbaacılık Tur. Tic. Ltd. Şti.
Sertifika No: 44772
Çevre Sanayi Sitesi 8. Blok No: 38
İkitelli Başakşehir İstanbul
☏ 0 (212) 565 02 55

ISBN 978-625-7395-06-9

FOM KİTAP
Ataköy 3-4-11. Kısım Mahallesi Behçet Kemal Çağlar Caddesi
S 206 Blok No.10 D. 1 34158 Bakırköy, İstanbul
☏ 0(212) 586 71 49
www.fomkitap.com
iletisim@fomkitap.com
Yayıncı Sertifika No: 40736